다정함을 잊고 지낸
이들에게

내일의 내가
웃을 수 있도록

작가의 말

아침에 눈을 뜨자마자 눈물이 먼저 고이던 날들이 있었습니다.
무겁게 가라앉은 아침 공기 속에서 흘린 눈물이 밤의 눈물을 넘어서던 때,
그저 이렇게 무기력하게 주저앉아 있는 건 왠지 억울하다는 생각이 들었습니다.
그래서 스스로에게 건네는 위로를 담아, 쓰고 그리기 시작했습니다.

어느 날, 힘든 시간을 보내고 돌아온 친구가 제게 말했습니다.
"이젠 네 만화가 이해돼. 그리고 내게 위로가 되더라."
그 말을 듣는 순간, 제가 쓰고 그리는 행위는 더 이상
저만을 위한 것이 아니게 되었습니다.

언제부터였는지 모르겠지만 저는 밝고 가벼운 이야기를 잘하지 못합니다.
담담한 고백처럼 감정을 털어놓을 때,
그 속에서 피어나는 공감도 큰 위로가 된다고 믿습니다.
이 책에 수록된 만화들도 대체로 그러한 분위기를 머금고 있습니다.
이렇게 아침을 이겨 낼 위로를 나누고 싶은 제 마음을 조심스레 모아
한 권의 책에 담았습니다.

앞으로 책 속에서 당신이 마주치게 될 캐릭터의 이름은 '어이'입니다.
어이없다의 어이(어처구니), 조금 떨어져 있는 이를 친근하게 부를 때의 어이,
누군가의 이름을 대신하는 어이, 어찌를 뜻하는 어이 등등
가지각색의 뜻을 지니고 있습니다.
다양한 의미 속에서 '어이'는 제 자신이기도 하고, 곧 이 책을 읽는 당신이기도 합니다.

언젠가 하늘을 가로지르는 철새 떼가 V자로 비행하는 걸 본 적이 있습니다.
선두 새의 날갯짓이 만들어 낸 바람 덕분에
뒤따르는 새들은 힘을 조금 덜 쓰게 된다고 합니다.
하지만 선두 새가 처음부터 끝까지 모든 책임을 떠안는 건 아닙니다.
새들은 서로 자리를 바꾸며 각자의 힘을 나누고, 긴 여정을 함께 견뎌 냅니다.
이처럼 '어이'가 건네는 서툰 위로와 질문들이 철새의 날갯짓처럼
당신의 짐을 덜어 주었으면 합니다.
그리고 그렇게 얻은 힘을 또 다른 이와 나누게 된다면,
그것만으로 오래도록 함께 날아갈 이유가 되겠지요.

내일의 웃음이 당연한 일상이 될 수 있도록.
오늘, 자신에게 조금 더 다정해져도 괜찮습니다.

목차

작가의 말 · 4

---- Part 1 ----

바람에 흔들리는 나에게

불행은 왜 왈카닥 · 12 / 그렇게 나는 흐릿하게 · 14 / 나는 가끔 내가 낯설어 · 16 /
나는 언제쯤 · 18 / 내가 사라져도 · 20 / 네 얼굴 까먹을 것 같아 · 22 /
도와 달라고 말하고 싶었는데 · 24 / 흘려보내는 마음 · 26 / 버팀돌탑 · 28 /
부러워하지 말자 · 30 / 이 말밖엔 · 32 / 이런 고민들 · 34 /
일어나야지 이젠 · 36 / 바다는 비에 젖지 않는대 · 38 /
저만 이렇게 힘든 걸까요 · 42 / 너넨 나 이해하지 · 44 / 공허한 펭귄 · 46 /
널 생각하지 않겠어 · 50 / 돌이켜 보면 · 52 / 밀물 썰물의 거품 · 54 /
사랑의 구덩이 · 56 / 사실 나 안 괜찮아 · 58 / 지금 힘든 건 · 60 /
참으로 어려워 · 62 / 참을 인 세 번 · 64

Part 2
나는 그저 나로 살아가는 중이야

정답은 꼭 필요한 게 아니더라고 · 68 / 꼬리는 거짓말 못 해 · 70 /
더 더 더 싫어 · 72 / 매번 이도 저도 · 74 / 뭔들 숨 쉬는 것도 버거워 · 76 /
불량 씨앗 · 78 / 살짝 열어 둘게 · 82 / 실은 나도 헷갈려 · 84 /
하기 싫은 것 · 86 / 고요히 사라지는 거지 · 88 / 관심별 · 90 /
꼬여 버렸어 · 94 / 너무 많은 색깔을 욕심냈어 · 96 / 두더지의 명분 · 98 /
모르고 싶어 · 102 / 사랑을 찾아서 · 104 / 잘 지내지? · 106 /
오늘의 나와 어제의 나 · 108 / 적당한 거리 · 110

Part 3
조금 어설픈 게 뭐 어때서

그럴 수도 있지 · 116 / 나중엔 이 순간도 · 118 / 편지 · 120 /
늦었지만 인사 건넬게 · 122 / 배우는 중 · 124 / 보란 듯이 빠져나오자 · 126 /
아무렴 어때 · 128 / 애쓴 마음 · 130 / 첫 발걸음 · 132 / 특별한 눈사람 · 134 /
푸르름 · 136 / 하늘도 너무하다 · 138 / 회피와 게으름 · 140 /
그림자 따윈 · 142 / 기댈 곳이 마땅치 않을 때 · 144 / 꼬질꼬질 고양이 · 146 /
너의 속도로 가 · 150 / 넌 좀 그래도 돼 · 152 / 설익은 사과 · 154 /
넌 소중해 · 158 / 우리만의 매력 · 160 / 미워 · 162

Part 4
천천히, 그러나 분명히

보살핌 ·168 / 기분이 저기압일 땐 ·170 / 내가 알거든 ·172 /
내일도 내일모레도 ·174 / 눈물 바다 ·176 / 무운을 빌어 줘 ·182 /
문득 궁금해지더라 ·184 / 엉덩이 빌려줄까 ·186 / 한 걸음 한 걸음 ·188 /
클로버의 의미 ·190 / 달님 제 소원 좀 들어주세요 ·192 / 그런 말 ·194 /
그러니까 잊지 마 ·196 / 그런데 오늘은 ·198 / 기분이 좋아 ·200 /
너무 오래 앓지 마 ·202 / 둥둥 떠 있는 느낌 ·204 / 또 보자 ·206 /
별일 없었어 ·208 / 어둠이 걷히면 ·210 / 진짜 진짜 ·212 /
행복하자, 우리 ·214 / 후회 없을 선택 ·216

Part 5
내일의 내가 웃을 수 있도록

이 모습도 나야 ·220 / 거꾸로 보는 세상 ·222 / 고양이의 결심 ·224 /
나무의 꿈 ·228 / 날 좀 좋아해 줘 ·230 / 단 하나의 나 ·232 / 대단과 단단 ·234 /
무너지지 않아 ·238 / 바라는 게 있다면 ·240 / 작은 존재 ·242 /
행복해지는 법 ·244 / 내 취향 ·246 / 내일을 위한 오늘 ·248 / 생각의 날개 ·250 /
시간이 지나니까 ·252 / 연습이 필요해 ·254 / 이런 나라도 괜찮겠니 ·256 /
장미와 토마토 ·258 / 지금도 충분해 ·260 / 진정한 행복 ·262 / 참 별로다 ·264 /
한 번 사는 인생 ·266 / 햇볕은 보고 살아야지 ·268

Part
01

바람에 흔들리는 나에게

불행은 왜 왈카닥

불행을 먹고 체했다.

준비도 안 됐는데 왈카닥 쏟아지는 바람에

제대로 씹지도 못한 채 넘겼다.

하루 종일 속이 뒤틀리고 마음은 온통 더부룩하다.

행복은 찔끔찔끔 오던데 불행은 왜 이토록 무례하게 쏟아질까?

불행과 행복은 차례를 지키는 법을 모르나 보다.

다음번에는 숨이 막혀도 좋으니 행복을 배불리 먹었으면.

그렇게 나는 흐릿하게

평범하게 잘 살다가도 문득 내 모습이

초라하다고 느껴지는 순간이 있다.

그때는 모든 의욕이 사라지고 아무것도 할 수 없다.

겉으로는 살아 있지만 속은 죽어 있는, 모순적인 상태.

살아 있되 살아 있지 않은 이 감각은 나를 현실에서 멀어지게 한다.

무력감은 나를 어디까지 덮어야 속이 시원할까.

파도처럼, 안개처럼 온몸에 밀려든다.

그렇게 나는 흐릿하게 겨우 존재만 하고 있었다.

나는 가끔 내가 낯설어

거울에 비친 내가 너무도 낯설게 느껴졌던 날.

분명 웃고 있는데 이 웃음이 진짜 내 것인지 모르겠고,

무심코 내뱉은 말들에서 낯섦이 느껴질 때면

이 사람이 정말 나인가 싶다.

분명히 나인데 나 같지가 않아서 거울을 볼 때

진짜 나는 어떤 모습이냐고 자꾸 묻게 된다.

가짜인 걸 아는 나조차도 깜빡 속아 버리게 되는 능숙한 가면.

그래, 어쩌면 이 모습도 진짜 나인 거지.

나는 아직도 나를 알아가는 중이다.

나는 언제쯤

당연하겠지만, 나이만 먹는다고 다 어른이 되는 건 아니었다.

19년만 살아도 될 수 있는 법적으로 정의된 성인과

책임을 다해야 하는 어른 사이에는 무한한 계단이 있는 것 같다.

어린이와 어른의 사이, 철이 덜 든 그 어중간한 어디쯤에서

허무를 처음 마주했다.

세상은 모든 일엔 다 뜻이 있다는 것처럼 굴었지만

꼭 그렇지만은 않았다.

어떤 일에는 이유가 없다는 걸,

세상엔 답을 내릴 수 없는 일이 더 많다는 걸 깨달았다.

어른들은 이런 세상을 어떻게 살아가고 있는 거지?

허무를 견디는 법을 익혀야만 어른이 될 수 있는 걸까.

나는 과연 어른이 될 수 있으려나.

내가 사라져도

세상은 대체로 냉소적이었으니까.

더운 바람보다는 찬바람이 세차게 불었으니까.

내가 사라져도 내가 언제 있었냐는 듯이,

원래 없었던 것처럼 아무렇지 않게 잘만 돌아갈 듯하다.

세상은 나 말고도 신경 쓸 것들 투성이니까.

나를 기억해 주지 않는다고 해서 섭섭해하지는 않을 거다.

내가 기억하면 되니까.

그러니까 부드럽고 따뜻한 기억을 잊지 않게 적어 두겠다.

혹시라도 잊었다면 언제든 다시 떠올릴 수 있게.

네 얼굴 까먹을 것 같아

생각해 보면 보고 싶지 않은 적은 없었다.

심지어 어느 날은 넘치게 보고 싶었다.

그리움의 감정이 만남으로 이어지지 않는다는 점이

남들과는 달랐을 뿐.

사실 널 만나기 싫은 게 아니라

지금의 나를 보이고 싶지 않았던 게 더 컸다.

그냥 이렇게 멀리서 조용히 그리워하는 것도

어쩌면 사랑의 한 방식일지 모르겠다.

언젠가 아무렇지도 않게 웃으면서 너를 부를 수 있게 되기를.

그날이 오면, 아무 일 없었다는 듯 날 맞이해 주기를.

도와 달라고 말하고 싶었는데

마음속에 커다란 돌덩이가 생겼다.

너에겐 차마 바위라고 할 수 없어서 돌멩이라고 말했다.

같이 들기에는 너무 무겁고 큰 바위라서

차라리 말하지 않는 게 낫다고 믿었다.

내 고민이 너에게 부담이 될까 두려웠다.

그렇게 혼자 끙끙대다가 쿵 하고 깔려 버린 순간에야 알게 되었다.

내가 맞다고 믿었던 것이 사실은 틀렸다는 걸.

흘려보내는 마음

돌아오는 마음이 없어서 괜히 서운해진 적이 있다.

내가 준 마음 크기보다 작은 걸 신경 쓰면

왠지 나쁜 사람이 된 것 같은 느낌까지 든다.

분명 보답을 바란 건 아니었는데….

누군가에게 마음을 보낼 땐, 돌아올 거란 기대부터 내려놓아야겠다.

고운 노란 색종이에 내 마음을 담아서 종이배를 접고

물 위에 띄워 흘려보내는 것으로도 충분했다.

어디로 가든, 닿든 닿지 않든.

나는 너에게 내 마음을 보냈고 그걸로 내 몫은 다했다.

버팀돌탑

헛되이 보낸 하루 같았는데

돌아보니 그 하루들이 쌓여 지금의 나를 버티게 해 주었다.

어느덧 높이 쌓인 돌탑에 이름을 지어 주었다.

'버팀돌탑.'

이름을 부르니 의미가 생겼고, 의미는 곧 위로가 되었다.

자신만의 속도로 성실하게 하루를 쌓다 보면

언젠가 단단하게 지탱해 줄 성이 되어 있을 것이다.

남들이 몰라도 내가 아니까.

어설프고 완벽하지 않아도, 오늘도 조금씩 나아가야지.

부러워하지 말자

남의 떡이 커 보인다는 속담은 역시 맞는 말이다.

살다 보면 남의 떡이 실제로 내 떡보다 클 때도 너무 많다.

저 꼬리가 내 꼬리보다 근사한 것도 사실이다.

부러워하지 않는다면 거짓말이겠지.

자꾸 비교하고, 괴로워하고, 반복하고, 초라해지는 기분은

쉽게 지워지지 않는다.

그래서 종종 두 눈을 가려 버렸다.

꼭 모든 걸 보고 살 필요가 있을까?

이 말밖엔

어떤 말은 하면 할수록 가벼워진다.

이상하게도 말을 반복하다 보면 담긴 뜻이 퇴색되어 버린다.

유독 "미안해."라는 말은 더 그렇다.

자꾸 말할수록 덜 미안한 사람처럼,

말할 수 있는 단어가 '미안해'밖에 없는 사람처럼 보인다.

지금 내 마음을 표현할 수 있는 유일한 단어.

부족한 말이지만 마음은 진심이다.

진심으로 미안해.

이런 고민들

이런 말을 들은 적이 있다.

"내게 터놓지 않는다면 네가 무슨 생각을 하는지 난 몰라."

고민의 크기나 형태는 상대방에겐 별로 중요하지 않았다.

단지 내가 힘들다는 사실, 그걸 알아주고 싶었던 것뿐.

마음은 들키지 않으면 아무 일 없는 것처럼 보인다.

말해도 괜찮은 고민의 기준을 몰라서 모두 삼키고 있었는데

이제 조금씩 말해 볼게.

일어나야지 이젠

상처를 준 사람들은 다 떠났는데 나는 여전히 그 자리에 남아 있었다.

그들이 남긴 말, 표정, 행동을 곱씹고

스스로 상처를 후벼 파내며 그렇게 지냈다.

점차 잊어 간다고 생각했지만 내 마음은 매번 거기 있었다.

왜 나는 여태 떠나지 못한 걸까.

미련하기 짝이 없는 행동이었음을 안다.

그래, 이제는 정말 안다.

머물러선 아무것도 달라지지 않는다는 걸.

이젠, 나를 꺼내야 할 때다.

바다는 비에 젖지 않는대

바다는 비에 젖지 않는다는 말이 멋지다고들 하지만,

나는 왠지 마음이 쓰였다.

마치 내가 고요한 바다에 내리는 비처럼

너에게 아무 흔적을 남기지 못한 줄 알았다.

온 마음을 너에게 쏟아도 넌 아무 일 없다는 듯 조용했으니까.

그래서 몰랐다. 사실 너도 같은 마음이었다는 걸.

마음이 커지면 우리 둘을 휩쓸어 버릴까 봐

모른 척했던 게 너의 최선이었다는 걸.

그게 나를 지키기 위한 방식이었다는 걸 이제야 조금 알 것 같다.

그래도 앞으로는 솔직하게 마음을 보여 줬으면 한다.

우리는 서로를 이해하기까지 너무 먼 길을 돌아왔다.

저만 이렇게 힘든 걸까요

모두가 거뜬하다고 말할 때 그렇지 않다는 말을 꺼내는 게

괜히 눈치 보일 때가 있다.

나도 따라서 그 정도는 거뜬하다고는 말했지만

자꾸 구석으로 숨게 되었다.

괜찮다는 말로 나의 어려움을 가려 보려고 해도 잘되지 않았다.

저들은 괜찮은데 나는 왜 이럴까?

그럴 땐 누가 내 옆에 와서 "나도 그래."라고 말해 줬으면 좋겠다.

힘든 건 힘들다고 말할 수 있는 날이 오기를.

오늘을 무사히 보낸 나, 정말 고생했다.

너넨 나 이해하지

낯선 이가 다가오면 본능적으로 온몸의 가시를 바싹 곤두세운다.

기대감보다는 피곤함, 어떤 일로 번질지 모르는 변수가 무섭다.

그래서 누구라도 다가오면 가만두지 않겠다는 결연한 의지로

뾰족뾰족 가시를 세워서 나를 보호하기에 급급했다.

상처 받기 전에 밀어내는 게 어느새 습관으로 굳어 버린 것이다.

내가 한 행동이 소중한 사람에게 상처가 된 적이 있으면 어떡하지?

이러다가는 정말 혼자가 되어 버릴지도 모른다.

공허한 펭귄

모두가 내 편이 되길 바란 게 아니다.

나는 그저 내가 사랑하는 이들만큼은 나를 이해해 주었으면 했다.

소리 없는 신호들을 알아차려 줬으면 했다.

그럼 세상 모두가 등을 돌려도 괜찮을 것 같았는데 과한 바람이었을까.

결국 가장 깊숙이 외로워졌다.

실은 이해 받고 싶다는 바람보다 나를 먼저 이해했어야 했다.

이유를 모르는 여러 가지 감정들.

어디서부터 삐걱거리기 시작한 건지 스스로를 살펴보는 일.

그걸 미뤄 둔 채, 나조차 나를 이해하지 못한 채

이해 받기만을 바랐으니 이뤄질 턱이 없다.

널 생각하지 않겠어

널 생각하지 않겠다.

절대로. 다시는. 정말 그만.

그렇게 이를 악물고 다짐했는데

참 모순되게도 다짐의 과정에는 네 생각이 필요했다.

코끼리를 생각하지 말라고 하면

머릿속이 코끼리로 가득해지는 것처럼 말이다.

네 흔적을 지우고, 네 말투를 지우고, 네 표정을 지우는 시늉을 하면서

또 한 번 너를 처음부터 끝까지 실컷 생각하고 말았다.

너는 내 머릿속을 끊임없이 유영하고 있다.

돌이켜 보면

걱정들은 잠도 없는지 밤만 되면

스멀스멀 기어 나와 머릿속을 헤집고 다녔다.

일어나지도 않은 일에 대한 걱정으로 왜 그리도 무너졌었는지.

미리 걱정하는 버릇은 왜 못 버렸었는지.

지나간 일을 후회하거나 일어나지도 않은 일을 생각하며

뜬눈으로 보냈던 지난밤.

그때는 그게 다 큰일일 줄 알았는데 돌이켜 보고 나서야 깨닫는다.

필요 없는 고민으로 지새운 밤이었음을.

밀물 썰물의 거품

밀려 들어오던 희망은 금세 또 허무하게 빠져나갔다.

하루를 가뿐하게 보내도 그저 착각이었나 싶고,

어떤 하루는 발목이 빠진 채 허우적거린다.

파도 거품 같은 감정의 반복 때문에 무엇이 진짜인지조차 헷갈린다.

마음이 갈피를 잡지 못한 채 이랬다저랬다 하며 변덕을 부리면

나는 잠시 멈춰, 내 자신에게 대화를 건네곤 한다.

"마음아, 넌 지금 어디쯤 떠다니고 있는 거니?"

사랑의 구덩이

기다렸지만 올 리가 없었다.

진심이었던 사람 하나, 도망친 사람 하나.

구덩이는 둘만의 약속이었는데 서로의 깊이가 달랐을지도 모른다.

하나는 흙을 퍼내느라 바닥만 봤고, 하나는 삽조차 들지 않았다.

같이 파는 줄 알았는데 나만 진심이었다.

차라리 솔직하게 말해 주지 그랬어.

사람 하나 바보 만드는 거 별일 아니게 쉽다.

사실 나 안 괜찮아

내가 정말 못됐다는 생각이 들었던 순간이 있다.

주위에서 안부를 따뜻하게 물어봐 주는데도

나는 습관처럼 건조하게 대답했다.

"그냥 잘 지내지. 괜찮지, 뭐."

그리고 이어지는 상대의 삶 이야기는 내 것보다 여유로워 보였다.

그 순간, 나도 모르게 마음이 비릿해졌다.

날것의 감정들이 켜켜이 쌓여 갔고 그게 또 그렇게 미안했다.

사실 하나도 괜찮지 않았다.

그때 솔직하게 털어놨더라면 조금은 달라졌을까.

지금 힘든 건

힘들 때는 눈앞이 뿌예져서 코앞의 일도 보기 어려워진다.

이런 내게 필요한 건 불확실한 미래의 상황이 아니라

현재 상황의 해결이다.

지나고 나면 괜찮아진다는 말, 그 말이 틀린 건 아니지만

지금 당장은 숨 쉴 틈이 더 간절할 뿐이다.

썩 다정하지 않아도 좋으니 그저 고요히 날 비춰 주기를.

그 빛으로 오늘 밤을 견뎌 본다.

참으로 어려워

관계는 늘 예상을 벗어난다.

가까워졌다고 안심하면 멀어지고, 이젠 정말 끝났구나 싶을 때

뜻밖의 온기로 돌아오기도 한다.

나는 가만히 있었을 뿐인데, 어느새 익숙함이 낯섦으로 바뀌곤 했다.

누구의 책임인지도, 정확한 이유도 모르겠다.

분명 무언가를 놓친 것 같지만 무엇인지조차 알 수 없어서

혼란스러움만이 길게 남는다.

관계는 그만큼 설명하기 어렵도록 오묘하다.

그래서 인간관계에 대한 책이 서점에 그토록 많은 거겠지.

참을 인 세 번

왜 자꾸 참으라고만 할까.

참을 수 없을 만큼 화가 나는데.

당하고 살라는 말을 '참을 인 세 번이면 살인도 면한다.'는 말로
포장하려고 하는 것도 화가 난다.

분명 참는 게 미덕이라면서

나를 화나게 한 사람에게는 왜 참으라는 말을 하지 않을까?

참지 않고 화를 내면 못난 사람, 속상하다고 투정 부리면 예민한 사람.

그런 시선으로 날 봐도 상관없다.

그만 참겠다고 결심한 날 이후부터 난 마음껏 화내기로 했다.

Part
02

나는 그저
나로 살아가는 중이야

정답은 꼭 필요한 게 아니더라고

한동안 나를 정의하려고 애썼다.

나라는 사람은 과연 어떤 사람인지를 꿰뚫을 수 있는

정답을 찾아 헤맸다.

정답을 알아야 내가 어떻게 살아야 할지 알 수 있을 것 같았으니까.

하지만 질문들에서 잠깐 물러나 있으니

모호한 지금조차도 나다움으로 느껴졌다.

사람이 어떻게 한 면모만 가지고 있겠는가.

기분조차도 어제와 오늘이 다른 것처럼 어차피 나는

계속해서 변덕스러울 테니까.

나에게 정해진 답은 없다. 나는 이미 나로서 충분하다.

꼬리는 거짓말 못 해

고양이는 꼬리로 감정을 말한다.

원하는 게 있으면 높이 세웠고 마음에 들지 않으면 살랑거렸다.

물어보니 꼬리는 거짓말을 못 한다는데, 그런 점이 참 부럽다.

나는 곧잘 감정을 숨겨 왔고 그러다 마음이 단단히 엉켜 버렸다.

이제 나도 내 안의 꼬리를 움직여 보려 한다.

툭 튀어나오는 감정들, 고양이의 꼬리처럼 솔직하게 내보이기로.

더 더 더 싫어

보여 주기식은 싫었다. 그건 내가 아닌 것 같아서.

그런데 아무것도 안 하면 정말 내 존재가 사라질 것만 같았다.

나는 누구보다도 나한테 인정받고 싶었다.

하지만 정작 내 기준은 늘 야박했다.

나한테 인정받는 날이 오면 사라질 것 같은 기분에서 벗어날 수 있을까.

매번 이도 저도

매번 이도 저도 아닌 나를 본다.

명확, 명쾌와는 거리가 먼 답답한 모습.

좋지도 않지만 딱히 싫지도 않다.

바꾸어 보려고도 해 봤지만 쉽지 않았다.

그래, 뭐 어쩌겠어. 받아들여야지.

애매한 나라도 괜찮다.

뜨겁고 차가운 것보다 미지근한 게 더 좋을 때가 있다.

뭔들 숨 쉬는 것도 버거워

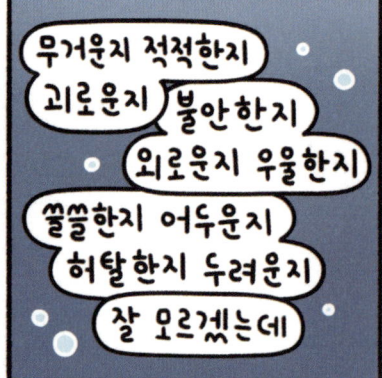

마음을 훤히 들여다볼 수만 있다면

먼지 한 톨도 남김 없이 훑어보았을 것이다.

하지만 그러지 못하니 결국 알 길이 없다.

그럴 땐 욕조에 뜨거운 물을 받고 누워 감정들을 하나하나 세어 본다.

두루뭉술해서 어떤 표현도 딱 들어맞지 않는다.

이런들 어떠하리, 저런들 어떠하리.

버거운 건 매한가지라고 정리해 버린다.

그러면 거품처럼 떠다니던 감정들이 조금은 가벼이, 스르르 흩어진다.

불량 씨앗

가만히 주변을 보면 다들 잘 자라고 있는 것 같다.

누구는 싹을 틔우고, 누구는 잎을 무성하게 만들고,

누구는 벌써 꽃을 피울 준비를 한다.

그에 비해 나는 너무나도 고요하다.

조금 늦어도 괜찮다고, 아직 발아하지 않았을 뿐이라고

스스로에게 말해 보지만 억울함마저 든다.

식물은 각자 자신에게 맞는 환경이 되어야 잘 자란다고 한다.

어떤 이는 거친 바람 속에서도 꼿꼿이 자라고,

어떤 이는 조용한 온기 속에서야 비로소 숨을 쉰다.

아직 나는 나에게 맞는 환경을 기다리는 중일지도 모른다.

나도 언젠가 제자리를 찾아가 올곧이 피어날 거다.

살짝 열어 둘게

돌이켜 보면 의심의 그림자와 늘 함께했다.

조심스러워서 누구에게도 곁을 주지 않는 게 익숙했다.

누군가 다가오면 그 마음부터 의심했고

슬금슬금 뒷걸음질치기에 바빴다.

몰리고 몰려 구석진 벽에 등이 맞닿은 순간, 그림자가 가려졌다.

기대는 느낌이 생각보다 괜찮게 느껴진다.

이제는 살짝 마음을 열어 둘까 싶다.

실은 나도 헷갈려

좀 어설프더라도 애쓴 흔적이 담겨 있다면

그걸로도 충분할 거라 생각했다.

하지만 그들의 의문이 섞인 눈빛이나 말 한마디에도

내 결과는 휘청거렸다.

진정으로 노력했냐고, 이게 네 최선이 맞냐고 물으면

괜히 대답을 망설였다.

조금 게으르기도 했던 거 같고,

정말 최선을 다했는지 몰라 떳떳하게 대답하지 못했다.

이 어설픈 결과물에 나의 시간과 노력은 분명코 깃들어 있다.

남들은 몰라도 나는 나를 믿어 줘야지.

하기 싫은 것

언제부턴가 해야 할 일이 생기면 하기 싫은 마음이 먼저 속삭였다.

"꼭 해야 해? 지금 안 해도 될 것 같지 않아?"

그 말, 생각보다 나랑 잘 통했다.

문제가 생기면 괜히 반발심부터 들어서 미루기를 반복했다.

그러다 보니 진짜 중요한 것도 '싫다'는 이유 하나로 놓치게 됐다.

"계속 이러면 희미해지는 건 너야."

그 말을 듣고서야 조금 정신이 들었다.

희미해지지 않으려면, 이쯤에서 그만 일어나야 한다.

고요히 사라지는 거지

가끔은 정말 다 제쳐 두고 아무도 모르게 사라지고 싶다.

모든 관계에서 살짝 물러난 뒤 고요히, 아무도 찾을 수 없는 곳으로.

그런데 한편으로는 정말 아무도 나를 찾지 않는다면

무척 두려울 것 같다.

사라지고 싶다고 말하지만 완전히는 아니었나 보다.

잠깐 쉬다 오면 언제 그랬냐는 듯이 괜찮아지겠지.

마음이 지친 거겠지. 숨 돌릴 시간이 필요하다.

관심별

세상엔 원래부터 눈부신 사람들이 많다.

그 곁에 서면 내 빛은 작고 흐릿해 보인다.

그래서 더 잘해야 하고, 더 간절해야만 겨우 그들만큼 될 것 같았다.

하지만 그렇게 남들의 기준에 맞춰 자신을

던지는 일은 오래가지 못한다.

비교에는 끝이 없고 내가 할 수 있는 정도에는 한계가 있다.

별빛이 희미하다고 해서 별이 아닌 게 아니듯, 나도 마찬가지다.

할 수 있는 만큼 하면서 오래도록 반짝이는 방향도 충분히 괜찮다.

꼬여 버렸어

자신감이 넘치거나 리더십이 좋은 사람.

남들에게 자신의 감정을 잘 표현하는 사람.

같은 뜻이라도 기분 좋게 말을 하는 사람.

그런 사람들을 보고 예쁨 받고 자란 티가 난다고 흔히 말을 한다.

그 말이 부러워서, 그 사람이 받았을

다정함과 포근함을 헤아려 보곤 했다.

반대의 부류에 속하는 나는 괜히 말투, 표정, 행동을 되돌아본다.

결핍은 왜 이렇게 티가 잘 날까.

그리곤 혼자 몰래 생각한다.

나도 다정한 시간 속에서 다시 살아 보고 싶다고.

너무 많은 색깔을 욕심냈어

모든 색이 다 좋아 보였다.

다 담아내면 더 풍부해질 줄 알았는데,

어째서인지 칠을 하면 할수록 점점 어두운 색으로 물든다.

남들처럼 사고, 입고, 배우며 따라쟁이가 되기도 했다.

그들의 예쁜 색을 하나씩 골라 내 몸에 칠하면

나도 멋진 사람이 될 것 같았는데

겹겹이 쌓여 버린 색들은 더 이상 아름답지 않았다.

이제는 나만의 색을 찾아 봐야지.

뜨겁지도 차갑지도 않은 보랏빛처럼 차분하고 잔잔한 나날들을.

두더지의 명분

가끔 사람이 사는 이유를 생각해 본다.

평범한 하루를 견디는 게 고된 날이면

유독 그 이유를 찾는 일이 절박해진다.

그게 경미한 희망이든, 억지로 만든 구실이든

내가 살아야 하는 명분이 필요해서.

생각하는 존재이기에 괴롭고 이 굴레는 나를 끝없이 되돌아보게 한다.

그래서 오늘 하루를 살아 볼 작은 이유, 아주 사소한 명분을 찾는다.

봄에는 산들바람을, 여름에는 참외를,

가을에는 낙엽을, 겨울에는 붕어빵을 기다리면서.

나의 작은 홀씨가 자라 민들레 들판을 이루는

먼 미래를 상상하면 그것만으로도 살아갈 수 있다.

모르고 싶어

인생엔 지도가 없어서 내가 가는 길이 맞는 길인지 알 수 없다.

길을 따라 똑바로 가고 있으면 좋겠지만

어쩌면 같은 길을 맴돌고 있는 건지도 모른다.

내가 가는 길이 어떤 길인지 알고 있으면 이 불안이 가실까 싶지만,

맴돌고 있다 한들 뭐 어떤가.

나는 그 길을 가장 깊이 알게 될 거니까.

길이란 결국 내가 만들어 가는 거니까.

내가 내딛는 발걸음은 모두 의미가 있다.

사랑을 찾아서

사람은 가지지 못한 것을 갈망한다.

세상의 모든 값진 것 중 사랑은 가장 흔하면서도 구하기 어렵다.

사랑을 꿈꾸며 살아가는 사람이 있는 것도 그 때문이겠지.

나도 마주할 사랑을 꿈꾸며 살아가고 있다.

어떤 모습으로, 어떤 향기로 다가올지 알 수 없지만

분명 어딘가에는 나를 향한 진심 어린 애정이 존재한다고 믿는다.

그럼에도 불구하고 한편으로는

사랑이 나를 완성시키는 완벽한 게 아니라

삶의 한 조각, 그저 일부라는 걸 알고 있다.

잘 지내지?

"잘 지내?"라는 말이 때론 너무 복잡하게 느껴진다.

일단 배불리 먹긴 했는데 맛있게 먹은 것 같지는 않고,

더부룩하지만 먹긴 먹었으니 허기보다는 낫다 생각하며 지낸다.

지나가는 인사에도 가벼이 대답하지 못하는 건

내가 지나치게 예민해져 있기 때문이란 걸 안다.

그럼에도 나는 묻고 싶다.

이렇게 어정쩡하게 살아가는 나는 잘 살고 있는 건지,

당신은 정말 잘 지내고 있는지.

오늘의 나와 어제의 나

오늘의 나는 어제의 내가 아니다.

정확히 말하자면 오늘의 나는 어제보다 좀 더 선명해졌다고 볼 수 있다.

하루의 변화가 미세할지라도 먼 과거를 회상해 보면 꽤나 낯설다.

낯설지만 자연스러운 일이니 기꺼이 수용하겠다.

그 변화를 지나면 진짜 나에 가까워질 테니.

나는 나를 이해하는 법을 배워 가고 있다.

적당한 거리

우리는 조금 특별한 존재다.

어설프게 다가갔다가는 서로의 가시에 찔리기 십상이다.

가까이 다가가지 못하는 대신, 그 거리 너머로

온기를 주고받는 법을 배웠다.

꼭 껴안지는 못해도, 곁에서 머물러 주는 것이 얼마나 큰 위로가 되는지

우리는 잘 알고 있다.

네가 없었다면 무너졌을 순간들이 있었으니까.

그럴 때마다 나는 네 묵연한 존재감에 기대어

평온히 숨을 고르곤 했다.

서로를 포기하지 않고 곁을 지켜 주는 게 얼마나 귀하고 다정한 일인지.

Part
03

조금 어설픈 게 뭐 어때서

그럴 수도 있지

하루를 통째로 망친 날엔

별일 아닌 일에도 마음이 와르르 무너져 내린다.

어제의 괜찮았던 일들도 오늘 하루를 완전히 망쳤다는 생각에

뒤죽박죽 엉켜 버린다.

마치 첫 단추를 잘못 끼운 셔츠처럼

하루가 괜히 전부 어긋나 있는 느낌.

그래, 이런 날이 있으면 저런 날도 있는 거지.

고작 이런 일로 내 삶을 망칠 순 없다.

그냥 좀 이상한 하루일 뿐이라고, 망친 하루라고 단정짓지 않기로 했다.

실패한 날은 내일을 위한 연습으로 생각해 버리자.

나중엔 이 순간도

실수는 순간인데, 그 여운은 꽤나 오래 간다.

'그때 왜 그랬을까?'

자꾸만 곱씹게 되고 돌이킬 수 없음을 자책하며

스스로를 더 몰아붙인다.

창피함에 이불을 걷어찼던 밤도 셀 수 없지만

어떤 일은 사석에서 꺼낼 수 있는 꽤나 재미있는 에피소드가 되었다.

그땐 분명 버거웠는데 지금은 가벼워진 게 신기하다.

힘들었던 기억도 웃으면서 꺼내게 될 날이 올 거다.

편지

문자나 SNS가 익숙한 세상에서

편지를 쓴다는 건 조금은 낯선 선택일지도 모른다.

말로 하면 너무 긴장할 것 같아 글을 선택했지만

떨리는 마음을 끝내 숨기지 못했다.

고민을 담아 한 글자 한 글자 써 내려갈수록

말로 다 전하지 못한 조심스러운 마음이 고요히 스며든다.

부디 이 떨리는 글씨 너머에 있는 나의 진심을 알아차려 주길 바란다.

삐뚤빼뚤한 글씨, 서툰 진심.

늦었지만 인사 건넬게

한참을 지나고 나서야 그 사실을 깨달았다.

그때는 몰랐는데…. 아니, 애써 외면했던 걸지도 모르겠다.

지치고 힘들어도 묵묵히 버텨 온 나를

고마워하기보다 늘 다그치기만 했던 날들이 떠오른다.

이제야 조금 모질게 굴었던 날들이 미안해졌다.

날 위해 가장 애써 준 건 결국 나였다는 걸 알게 됐으니까.

늦었지만 조심스레 나를 토닥여 본다.

그때도, 지금도, 정말 고생 많았다.

배우는 중

나는 오래도록 서툴렀고 꾸준히 헤맸다.

때때로 스스로가 답답하고 초라하게 느껴지기도 했지만

그래도 나, 아주 멈춘 적은 없었다.

실수하고 넘어져도 주저앉아 있지만 않았고,

두렵고 걱정스러워도 툭툭 털고 다시 일어섰다.

아직 나는 여전히 미완성이지만 이렇게 계속 배워 나가다 보면

언젠가는 나에게 꼭 맞는 길을 발견하겠지.

지금 이 순간은 인생을 완성해 나가는 과정이다.

길의 끝을 향해 조금씩, 끊임없이 나아가겠다.

보란 듯이 빠져나오자

박탈감은 쉽게 견딜 수 있는 감정이 아니다.

스스로를 아무리 다독이고 억지로 괜찮은 척해도

결국 마음속 깊은 곳에서 지독히 곪아 간다.

어르고 달랜다고 사라지는 감정이 아니라서

정면으로 마주하자 비로소 풀리기 시작했다.

나보다 앞서 나가는 사람들을 바라볼 때

스멀스멀 밀려오는 초조함과 무기력.

그 속에서 감정에 휘둘리지 않겠다는 태도를 끌어올려 본다.

나는 너에게 순순히 잡아먹히지 않을 거다.

이왕이면 보란 듯이 당당하게 걸어 나갈 테다.

아무렴 어때

사실, 유연하게 잘 살아내는 날은 많지 않았다.

엉망인 날도, 대충 버텨 낸 날도 수두룩했다.

그래도 늘 대단할 필요는 없으니까,

주저앉지 않은 것만으로도 충분하니까.

그거면 된 거 아닐까 싶었다.

그래서 요즘은 두 팔을 교차시켜 어깨 위에 얹는 나비포옹을 해 본다.

"오늘도 살아냈네. 그걸로 됐어."

이 토닥거림은 나에게 꽤 진한 위로가 된다.

애쓴 마음

나를 공감해 주는 사람이 단 한 명만 있어도

세상이 조금 덜 낯설게 느껴진다.

무반응 속에서 묵묵히 이어 가는 일은 생각보다 쉽지 않았다.

언젠가는 닿을 거라는 믿음 하나가 날 움직이게 했다.

단 한 명이라도, 정말 단 한 명이라도 충분하니까.

응원이 담긴 목소리가 들려오는 그 순간

그간의 고됨은 사르르 녹아 내린다.

너도, 너도, 그리고 너도. 모두에게 응원을 보낸다.

첫 발걸음

무언가를 시작한다는 건 어쩌면 끝맺음보다 대단한 일이지 않을까?

시작은 누구나 작아지게 만들고, 없던 겁도 생기게 한다.

그래서 오히려 더 용기 있는 일이 아닐까?

그 모든 떨림을 끌어안고 한 발 내딛는다면,

지금은 그것으로 충분하다.

그럼 이미 반은 해낸 거다. 반이나 해치운 거지.

이제부터는 처음 내디딘 발걸음을 믿고,

용기를 따라 한 걸음씩 이어 가자.

특별한 눈사람

있는 그대로 바라봐 주고 좋아해 준다는 건 참 고맙다.

내가 조금 이상한 모습이라도

그저 특별하다고 말해 주는 그 마음이 얼마나 푸근한지.

아무리 추운 겨울날이라 해도 나는 그 속에서 봄을 느낄 수 있다.

꽁꽁 얼어 있던 마음을 단번에 녹여 주는 사람.

나는 그 따뜻함을 오래도록 기억하겠다.

푸르름

이번엔 잘할 줄 알았는데…, 느낌도 괜찮았는데….

같은 실수를 반복해 버렸다.

이럴 때만큼은 나 자신이 정말 한심하게 느껴진다.

하지만 망쳤다고 세상이 끝난 것처럼 주저앉아 있을 수는 없다.

그래, 조금만 숨을 고르고 다시 내 안에 남아 있는 힘을 끌어올려 보자.

만회할 수 있다.

'다시', 그 두 글자면 충분하니까.

하늘도 너무하다

멋지게 차려 입은 날, 약속이 있는 날에 일기예보는 꼭 빗나간다.

예고도 없이 쏟아지는 소나기, 그럴 땐 하늘이 참 얄궂다.

장대비가 내리다가도 언제 그랬냐는 듯이 비구름이 걷힌 하늘에

피어난 무지개처럼 그 끝에는 예상치 못한

아름다운 광경이 펼쳐지기도 한다.

그래서 요즘은 단정 짓는 말을 최대한 늦게 꺼내 보려 한다.

일단은 조금 기다리면서 맑은 하늘을 한 번 더 기대해 본다.

회피와 게으름

감정이 풍부해서 눈물이 마를 날이 없었던 아이가 자라서 내가 되었다.

커 가면서 기쁨과 슬픔 사이의 수많은 감정들을 알게 되었고,

그만큼 쉽게 지치고 무너지는 사람으로도 자랐다.

어쩌면 나의 느림은 게으름이 아니라

수용할 수 없을 정도로 감정이 쌓여 과부화가 온 걸지도.

회피와 게으름은 닮았지만 분명히 다르다는 걸 이제는 안다.

이건 지친 마음을 위한 나만의 회복 방법이란 것을.

그림자 따윈

사람이 어떻게 늘 밝은 면만 있을 수 있을까.

빛을 쫓다 보면 그림자가 자연스레 따라오는 법이라지만

나는 늘 궁금했다.

왜 내 안엔 이토록 무거운 어두움이 자리잡고 있을까.

왜 나는 온전히 밝게만 존재하지 못할까.

하지만 시선을 조금만 바꿔 보면 알게 된다.

그림자가 짙다는 건 그만큼 빛나고 있다는 증거라는 걸.

그림자가 내 발끝을 졸졸 따라다녀도 괜찮다.

이건 나를 더 또렷하게 해 주는 들러리일 뿐이니까.

기댈 곳이 마땅치 않을 때

날 위한 다정한 위로가 늘 곁에 있는 건 아니었다.

감정적으로 지쳐 몸이 무거워지면

어디든, 누구에게라도 기대고 싶어진다.

기댈 사람이 없다고 느껴질 때는 벽이라도 괜찮다.

소파 모퉁이, 창틀, 침대 가장자리도 의외로 나를 잘 받아 주었다.

물리적인 기댐으로 잠깐 내려놓는

그 순간만큼은 마음도 조금씩 가벼워지는 것 같다.

참 다행이다. 여기 날 기다리는 든든한 소파가 있다는 게.

꼬질꼬질 고양이

얼굴에 그늘이 진 것마냥 어두운 감정들이 덕지덕지 붙었다.

슬픔, 분노, 죄책감 같은 것들이 나를 둘러싸 곰팡이처럼 번졌고,

어느 순간부터는 '나' 자체가 더럽다는 생각에 휩싸이게 되었다.

그래서 다가오는 이들을 밀어내고

상처받기 전에 먼저 등을 돌려 버렸다.

더러운 게 아니라 그저 오래 비워 내지 못한 마음의 찌꺼기였을 뿐이다.

제때 흘려야 했던 눈물을 비로소 터뜨리면

그제야 조금씩 찌꺼기가 씻겨 나간다.

울어야 할 타이밍에 제때 우는 것은 나를 잃지 않기 위한 방법이다.

너의 속도로 가

자꾸만 비교하고 비교당하며 살아야 하는 건 가혹하다.

나만의 속도, 나만의 길, 나만의 시간이 있다.

속도도 방향도 각자에게 맞는 방식을 찾아보자.

조금 느리고, 아직 서툴고, 한참 돌아가고 있을지 몰라도

그 길은 최선을 다해 선택한 나만의 길이다.

남을 따라가려 하지 않아도 괜찮다.

나는 내가 가야 할 곳으로 가고 있을 뿐이니까.

넌 좀 그래도 돼

세상이 말하길, 여리면 상처받기 쉽단다.

사람들은 대체로 타인의 기분보다

자신의 감정을 더 우선시하며 살아가는 듯 보였으니까.

그 틈에서 나는 자주 밀려났고, 이리저리 닳아 갔다.

그래서 이제는 다짐했다.

조금 이기적이더라도 내 생각만 하겠다고.

남 생각까지 하기엔 내가 너무 여린 걸 어떡하나.

하고 싶은 대로, 마음 가는 대로 살겠다.

설익은 사과

너무 많은 결점을 고치려다 보면

도리어 어디서부터 어디까지 고쳐야 할지 막막해진다.

걱정도, 고민도, 미룸도, 두려움도, 실망도, 후회도

모두 더 나은 나를 위해 나름대로 애쓴 결과였다.

고쳐야겠다는 그 다짐조차 어느새 강박이 되어

또 하나의 결점이 되어 버렸다.

어쩌면 결점은 없애는 게 아니라 품는 법을 알아야 하지 않을까.

설익은 사과처럼 아직 덜 여문 나라도 괜찮다.

설익은 사과로 주스나 잼을 만드는 것처럼

나다운 답을 찾을 거라 믿는다.

넌 소중해

절벽에 겨우 매달려 있던 날들.

그럴 때마다 너는 어김없이 나를 찾아왔다.

내가 잘 버티고 있는지 살피러 온 듯했다.

손아귀의 힘이 점점 빠져나갈 즈음,

네가 날 붙잡고 한 말이 잊혀지지 않는다.

"넌 소중해."

그 짧은 한마디가 이렇게나 길게 나를 붙잡고 있다.

우리만의 매력

언젠가 네게 꼭 해 주고 싶었던 말이 있다.

네가 스스로를 괜히 미워할 때마다 괜찮다고,

너는 참 괜찮은 사람이라고 말해 주고 싶었다.

다소 예민하고 때때로 뾰족해질지 몰라도

그건 너라는 사람의 솔직한 방식일 뿐이라고.

우리는 그 솔직함 덕분에 더 가까워질 수 있었고

그래서 난 그 모습마저 좋았다.

지금도 너를 한껏 응원한다.

네가 너답게 살아가는 그 모든 순간을.

미워

싫은 감정은 단순하지만 미운 감정은 복잡하다.

맞지 않아서 속상하고 모른 척하기엔 끊임없이 떠오른다.

한때 좋아해서 오히려 진해진 미움은 마음에 조금 더 진하게 얼룩진다.

처음엔 내가 왜 이렇게까지 힘든지 도무지 납득하기 어려웠다.

왜 미워하는 쪽인 내가 이토록 지쳐야만 하는 건지.

미움을 품자 내 마음은 무거워졌고

너를 미워하는 내가 미워지기까지 했다.

그래서 이 얼룩을 씻어 내려 한다.

너를 위한 게 아니라 나를 위한 선택으로.

Part
04

천천히,
그러나 분명히

보살핌

보살핌, 돌봄이라는 단어는 다정함이 한가득 녹아 있다.

받는다고 해서 약하다는 것도 아니고,

건넨다고 해서 손해 보는 것도 아니다.

비가 쏟아지면 어깨가 젖을까 봐 우산을 살짝 기울여 주고,

감기 기운에 몸이 축날 때엔 이불을 끌어 올려 주는 배려.

그렇게 마음과 손길을 주고받는 그 순간 서로의 외로움이 사그라든다.

어제 건넨 다정이 오늘의 위로로, 슬픔은 어느덧 행복을 닮아 간다.

주는 것만으로 따뜻해지는 그 순간의 다정함.

기분이 저기압일 땐

상대방의 기분이 저기압일 땐 나를 통째로 내어 주고 싶다.

너의 눈물 젖은 쿠션이 되어도 괜찮다.

뭐든 해도 괜찮다고, 다 내어 줄 테니 맘껏 기대도 좋다.

나도 그런 날이 있었으니까.

그 순간만큼은 내 존재가 너에게 다정한 위로가 되었으면 한다.

가끔은 그렇게 누군가에게 꼭 필요한 사람이고 싶다.

그러니 주저 말고 나를 마음껏 이용해도 된다.

오늘 너의 기분이 고기압처럼 훌쩍 치솟길.

내가 알거든

잘한 것 같은데 결과가 안 따라 줄 때면 진짜 억울하다.

운이 없었던 건지, 타이밍이 안 맞았던 건지,

아님 나만 모르는 무언가가 있었던 건지.

그럴 땐 꼭 괜히 나만 부족한 느낌이 들고 노력도 무색해진다.

그럴 땐 걸어온 시간을 되돌아보자.

네가 버틴 시간, 애쓴 마음은 절대 가볍지 않다.

너는 반드시 잘될 거다.

지금은 잠깐 흐릴 뿐, 너의 바다엔 분명히 윤슬이 반짝이고 있다.

내일도 내일모레도

나는 여전히 네가 맞이할 내일이 궁금하다.

세상이 말을 거는 것조차 버거워하는 너에게

오늘도 나는 끊임없이, 변함없이 말을 걸어 보려 한다.

지금까지의 고단함 위에 새로운 기억이 부드럽게 덮이기를 바라며

나와 함께 내일을 맞이하자.

네가 기다리던 좋은 일들이 내일 찾아올 것 같은 느낌이 든다.

눈물 바다

눈물 자국도 눈물이 멎어야 남는다.

어릴 적부터 슬픈 일은 물론, 억울한 일에도, 화나는 일에도

눈물이 먼저 차올랐다.

"쟤는 맨날 울면 다 해결되는 줄 아나 봐?"

그런 말을 들으면 더 서러워졌고,

눈물은 참는다고 해서 쉽게 참아지지도 않았다.

그렇게 자국이 남을 새도 없이 울다 보면

처음의 이유도 흐릿해지곤 했다.

하지만 이제는 그 시절의 눈가가 촉촉했던 나를 힘껏 껴안아 주고,

실컷 울고 난 뒤 가벼워진 마음으로

주변을 찬찬히 둘러보자고 말해 주고 싶다.

그러니 지금은 좀 울어도 괜찮다.

무운을 빌어 줘

기적은 말 그대로 기적이라 쉽게 오지 않는다.

그래서 요즘은 특별한 기적보다 조용히 스며드는 운을 바라게 된다.

내 하루 안에 무탈함이 머무는 그런 운.

특별한 기적이 아니더라도, 나의 평범한 일상에 무운이 깃들길 바란다.

이겨 내는 걸 응원해 주는 사람.

잘 싸우고 오라며 등을 두드려 주는 사람.

대견함을 담은 미소와 함께 악수를 건네주는 사람.

나는 그런 운을 나눌 수 있는 사람들 곁에 있고 싶다.

결과보다 과정을 함께해 주는 그 마음이 기적보다 더 오래 남는다.

문득 궁금해지더라

밥 챙겨 먹었냐는 말엔 생각보다 많은 의미가 숨어 있다.

짧은 말에 담긴 걱정, 안부, 친근함….

밥 한 끼에도, 간식 하나에도 문득 떠오르는 얼굴이 있다면

그건 그 사람을 하루 종일 생각한 거나 다름없는 거 아닐까.

그래서 나도, 오늘 너한테 살짝 묻고 싶다.

"밥 먹었어? 아직 안 먹었으면 얼른 챙겨 먹어."

엉덩이 빌려줄까

엉뚱하지만 내 마음에 정확히 와닿는 너의 한마디.

그 말이 주는 온기가 너무 오묘해서 피식 웃고 말았다.

뻔한 위로 대신 내민 별난 다정함이 너다워서.

그래, 너한테 이렇게 기대서 지겨움을 잠시 잊어버리자.

언제 지겨웠냐는 듯이 삶의 활기가 조금씩 꿈틀댄다.

앞으로의 모든 일이 잘 풀릴 것만 같아서.

따뜻하다.

한 걸음 한 걸음

언덕을 잽싸게 올라가는 건 힘들다.

특히 나같이 걸음이 느리다면 분명 숨을 헐떡거리게 된다.

남들이 앞서 가고 있다고 나도 빠르게 올라갈 이유는 없다.

언덕 위에서 보는 탁 트인 시야도 물론 좋지만

천천히 걸어가며 보는 풍경이 더 끌렸으니까.

느리게 걸은 덕분에 나는 많은 것들을 살펴봤다.

빠르든 느리든 중요한 건 내 걸음이 잘못된 건 아니라는 거다.

남들이 뭐라 해도 나만의 속도로 걸어야지.

클로버의 의미

불안해도 괜찮고 모자라도 괜찮다.

믿음과 행복, 그리고 행운이 따르지 않아도

나라는 존재만으로도 충분히 의미 있다.

하나뿐인 잎이라도 진심을 담기엔 충분하니까.

그래도 혼자가 힘든 날에는 주변을 한번 둘러보자.

아주 작은 것도 모이면 커지는 것처럼 행복도 함께하면 커지니까.

너를 이해하는, 네 편이 되어 줄 사람을 찾을 수 있을 거다.

달님 제 소원 좀 들어주세요

매일 밤, 힘들 때마다 누가 내 소원을 들어주길 바랐다.

기다림 없이 소원이 이루어지길 바라는 건 너무 염치없는 마음이겠지.

기다리고, 또 기다리고, 또 또 기다렸는데

내 소원이 이루어질 기미가 보이지 않는다.

"달님, 제 차례가 오긴 오는 거겠죠?

이렇게 오랫동안 간절히 바랐는데…

혹시 제 소원 누락된 건 아니겠죠?"

그래! 계속 기다릴 바엔 내가 직접 나서야겠다.

그런 말

다그치는 듯한 외침이 그렇게 반가울 수가 없었다.

상처가 될 게 뻔한 말을 견뎌 내는 게 버릇처럼 굳어지면 안 된다고.

멀뚱히 서서 눈동자만 굴리던 나를 정신 차리게 만든 그 외침.

어떻게 참았냐는, 나보다 속상해하는 말들에 마음이 스르르 녹는다.

말로 받은 상처가 다른 말로 치유될 때 말의 힘을 새삼 알게 되었다.

다음에는 내가 그런 말을 건네고 싶다,

든든한 울타리가 되어 주는 그런 말을.

그러니까 잊지 마

우리는 가장 익숙하다는 이유로 스스로를 함부로 대한다.

내가 중요하고 소중하다는 사실도 물론 알지만 자주 까먹기도 한다.

우선 매일 아침, 거울 앞에 선 나에게 작은 칭찬을 건네 보자.

처음에는 쑥스럽고, 어색하고, 심지어 소름이 돋을 수도 있지만,

그 잠깐을 견디고 나면 잊고 지냈던 나 자신을 다시 알아차릴 수 있다.

스스로를 북돋는 일은 내 가치를 잊지 않기 위한 확실한 약속이다.

그런데 오늘은

늘 한 발짝 물러서던 내가 나서는 날이 있다.

주위 상황이 답답해서 그랬는지 가만히 있고 싶지 않은 순간.

조금의 망설임과 아주 많은 결심 끝에 겨우 입을 열었다.

내가 어떤 말을 뱉었는지 기억조차 나지 않을 정도로 떨렸지만

그 순간만큼은 내가 선명해졌다는 사실에 후련했다.

이렇게 후련할 줄 알았으면 진작에 해 봤을 텐데….

기분이 좋아

사실 그렇게까지 웃긴 일은 아니었다.

그래도 피식 새어 나오던 웃음이 꽃처럼 만개하던 순간,

나는 내가 얼마나 오랫동안 웃음을 참아 왔는지 알게 됐다.

활짝 웃는다는 게 이렇게나 반가운 일이었나.

작은 변화였지만 웃음꽃 하나로 하루하루가 다르게 흘러간다.

별거 아니라고 넘기기엔 내게 너무 필요한 변화였다.

괜찮아지는 일은 이렇게 느닷없는 실소로부터 시작되는 건지도 모른다.

너무 오래 앓지 마

고민이 쌓이고 쌓이다 보면 한숨으로 변한다.

입 밖으로 고민을 말하지 못해 답답한 가슴이

한숨으로 숨을 쉬어 보려고 하듯이.

그런 너를 보면 내 마음도 폭삭 내려앉아

어느새 한숨에 귀를 기울이게 된다.

무슨 고민일까, 어디가 아픈 걸까, 내가 도움이 될 수 있을까 싶어서.

차마 물어보진 않겠지만 너를 한없이 아끼기에 자꾸만 걱정이 된다.

너의 한숨이 잦아들면 그간 고생했다고 실컷 토닥여 주고 싶다.

둥둥 떠 있는 느낌

길을 잃은 줄도 모르고 한참을 헤맸던 시간들이 있었지만,

나를 잡아 주는 존재가 있었기에 다시 제자리로 돌아올 수 있었다.

바람이 아무리 거세도 끈으로 단단히 이어진 연처럼

넌 언제나 나를 마음 한 켠에 매어 두고 힘껏 끌어당겨 주었다.

나를 놓지 않을 거라는 믿음 덕분에

바람을 마음껏 타며 한동안 떠 있어도 불안하지 않았다.

나에게 묵직한 안정감을 주는 건 언제나 너였다.

또 보자

어떤 이별은 마침표가 아니라 쉼표로 남는다.

하고픈 말을 다 하지 못했는데도 이상하게 괜찮다.

그리움이 켜켜이 쌓이더라도 미련이 아닌 응원으로 남는 관계.

"잘 지내."라는 말이 단순한 작별 인사를 넘어서

진심 어린 당부처럼 들리는 그런 순간이 온다.

지금은 멀어져 있어도 언젠가 다시 웃으며 마주할 수 있기를.

나는 나답게, 너는 너답게 잘 지내고 있길 바란다.

별일 없었어

물결 하나 일지 않는 호수, 파도가 없는 바다.

특별한 일 없는 잔잔한 날들이 요즘엔 참 다행으로 느껴진다.

예전에는 별일 없이 지나가는 하루를 지루하다 생각했는데

지금은 그런 날들이 오히려 선물 같기도 하다.

불안도 걱정도 잠시 자리를 비운 틈에

조용히 내 옆을 지켜 주는 이에게 집중하게 된다.

이 평온이 부디 오래오래 머물기를.

어둠이 걷히면

낮과 밤이 오가는 건 지극히 자연스러운 일이라

어둠 속에 머물렀던 시간이 더는 부끄럽지 않다.

지나온 나의 시간이 깊은 밤이었는지, 안개 낀 저녁이었는지

잘 모르지만 나름의 최선을 다하며 버텨 왔다.

빛과 어둠이 교차하는 시간, 이제는 그 순환을 자연스레 받아들인다.

과하게 밝게 웃지도, 무리해서 억지로 씩씩해지려 애쓰지도 않겠다.

있는 그대로의 나를 느끼며 새벽녘을 맞이하겠다.

진짜 진짜

"난 잘하고 있어."라는 말을 수도 없이 되뇌었다.

남이 해 준 말이 아니라 내가 나에게 해 주는 말로.

의심 많은 기질 탓인지 수십 번은 되묻고 나서야 겨우 그런가 한다.

진짜 잘하고 있는 걸까, 착각은 아닐까, 끝없이 반신반의했지만

사실은 그 한마디에 안념했다.

격려는 내 안에서 메아리칠 때 진가를 발휘한다.

이제는 좀 믿어 보자. 잘하고 있다니까. 그리고 계속 잘해 낼 거다.

행복하자, 우리

혼자라고 생각했을 때는 몰랐던 꿈이었다.

나만 괜찮은 게 아니라 함께여서 다정한 삶을 바라게 되었으니까.

가족, 친구, 반려동물…. 내 곁에 머무는 존재들이 편안했으면 한다.

조금 덜 아프고, 조금 더 웃고, 조금 더 편히 쉬었으면.

그들을 떠올리면 더 나은 날을 새롭게 꿈꾸게 된다.

네가 행복했으면 좋겠다. 너의 행복은 나를 행복하게 만든다.

후회 없을 선택

소문, 시선, 사람이 지겨워서 실컷 도망쳤다.

비겁하다고 할까 봐 겁났지만 버티는 게 더 무서웠던 나의 선택이었다.

숨이 잘 안 쉬어질 때쯤 겨우 도망치고 나서야 알게 됐다.

버틴다고 버텨질 일이었으면 이렇게까지 심하지 않았겠지.

도망쳤기에 숨을 골랐고, 다른 일에 버텨 볼 기운이 생겼다.

용기는 어떤 선택에 치우쳐 있지 않다.

끝까지 마주보는 일에도, 솔직하게 돌아서는 일에도

저마다의 용기가 담겨 있다.

Part
05

내일의 내가
웃을 수 있도록

이 모습도 나야

아무리 애써 참아도 터질 건 결국 터진다.

성질을 숨기는 것이 답이 아니라는 걸 안 순간부터 조금씩 달라졌다.

축축한 마음도 불같은 감정도 다 내 일부라는 걸 인정하게 됐고,

서툰 모습도 울기 바빴던 날들도 더 이상 모른 척하지 않는다.

텅 비어 있거나 넘치거나 했던 순간들은 틀림없이 나였다.

이런 모습도 너끈히 나답다.

거꾸로 보는 세상

거꾸로 매달려서 보는 세상도 별다를 것 없다.

하늘은 여전히 높고, 나무의 뿌리는 낮은 데서부터 시작된다.

내가 조금 거꾸로 있다 해도 세상은 그대로의 자리를 지키고 있다.

자라오면서 느꼈던 타인과 나의 차이점들도

더는 문제처럼 느껴지지 않는다.

그저 바라보는 시선이 조금 다를 뿐,

우리는 모두 같은 세상을 보고 산다.

고양이의 결심

나를 끄집어내기까지에는 너의 바지런한 다정함이 있었다.

낯선 곳에서도 내 곁을 지켜 주던 너.

평소 같았으면 마다했을 일도 날 위해 기꺼이 해 보려던 너.

나다운 걸 잊어버린 나에게 묵묵히 손을 내밀던 너.

이유를 불문하고 내게 체온을 나눠 주던 너를 보며 생각한다.

'너는 나를 정말 무조건적으로 사랑해 주고 있구나.'

고마웠어, 정말. 이제는 너에게 보답하고 싶다.

나무의 꿈

처음엔 그저 들러리인 줄 알았다.

대사도 없고 박수도 없는, 중심에서 한참 벗어난 가장자리.

가만히 있다 보니 내가 서 있는 자리가 점점 환해졌다.

생각해 보면 나는 내 삶에 있어서 언제나 주인공이었다.

눈에 띄지 않아도, 큰 박수를 받지 않는다 해도

나만 설 수 있는 이 무대에서 난 언제나 중앙에 있었다.

날 좀 좋아해 줘

가장 날카로운 말은 내 안에서 나온다.

남이 던진 돌보다 내가 나에게 던진 돌에 더 깊이 파인다.

못났다고, 왜 그 모양이냐고, 또 기대 이하라고.

실컷 비난해 놓고 상처받은 건 결국 나 자신이었다.

어쩌면 가장 먼저 바로잡아야 할 오해는

다른 누구도 아닌 바로 나를 향한 것일지도 모른다.

이제는 화해하자. 난 나와 잘 지내고 싶다.

단 하나의 나

개개인은 단 한 문장으로 설명되지 않는다.

고작 몇 장면만 보고선 다 안다는 듯이 말하지 않기를.

겉으로 보여지는 나는 겨우 입구일 뿐,

내 마음속엔 아직 이름조차 붙이지 못한 방들이 무수하다.

그러니 나를 알고 싶다면 방문을 조심히 노크해 줬으면 한다.

단 하나뿐인 나를 함부로 단정하지 않기를 바라며.

대단과 단단

세상이 원하는 건 늘 '대단한 사람.'

그래서일까. 내가 너무 맹탕같이 느껴져서 스스로가 못마땅하다.

뭔가를 멋들어지게 해내지도 못했고 특별한 구석도 없는 것 같아서.

그렇다고 무기력한 생각에 계속 잠겨 있는 것도 내키지 않았다.

기대가 무너진 자리에 작은 화분을 놓고 조명을 켜 보기로 했다.

아주 사소한 변화를 시작으로 엉망이었던 마음속이

하나둘 정리되기 시작한다.

대단하지 않아도 나는 단단해지고 있다.

무너지지 않아

내가 나를 포기하지 않는 한, 이 다짐은 무너지지 않는다.

울고, 눕고, 숨고 싶었던 순간들을 지나 겨우 나를 붙잡아 냈다.

몸은 꼼짝 못 해도 또렷한 정신 덕분에 조심스레 고개를 들었다.

새싹이 돋고, 강물이 흐르고, 밤하늘에 별이 뜨는 걸

시선으로 따라가다 보면, 어느새 나도 다시 서 있게 된다.

나는 아직 무너지지 않았다.

바라는 게 있다면

나를 챙기느라 닳아 가는 당신의 마음을 몇 번이나 봤는지 모른다.

그렇게까지 애쓰지 않아도 된다고 말하고 싶으면서도,

늘 받기만 한 내가 또 무얼 바라나 싶어 결국 아무 말도 하지 못했다.

그러나 이제는 미룰 수 없어서 한마디 전하려 한다.

"나를 돌보는 정성만큼 당신에게 쏠 수 있기를."

나는 다정한 당신을 더 오래도록 보고 싶다.

작은 존재

나는 작고 사소한 것들에 자주 마음을 빼앗긴다.

살며시 들여다보면 어쩐지 나와 많이 닮아 있어서 괜히 끌린다.

그리고 그들에게 사연을 붙여 보는 요상한 취미도 있다.

무릎을 꿇고 앉아 그 미약함, 조용함, 느릿함에 집중해 본다.

그들이 들려주는 이야기는 절대로 작지 않다.

그래서일까, 작은 존재들은 끝내 마음속 가장 깊은 자리에 남는다.

행복해지는 법

행복, 별거 아니다.

거창한 무언가를 손에 쥐어야만 생기는 것도 아니고,

남들이 하는 방식대로 따라야만 얻을 수 있는 것도 아니었다.

내 취향의 음식, 싱그러운 풍경, 개운한 주말 늦잠처럼

내가 스스로 '좋다'고 느낀 순간들이 나를 행복하게 만들어 주었다.

행복은 누가 정답처럼 던져 주는 게 아니라

경험 속에서 발화되는 감정이었다.

그렇게 찾아 헤맸던 행복해지는 법을 나는 이미 알고 있었다.

내 취향

취향은 나만의 스크랩북 혹은 인생의 방위표 같은 걸지도 모른다.

나는 행복한 결말보다는 여운이 남는 결말의 영화를 즐겨 보고,

북적이는 여행보다는 고요한 자연 속에 있는 것을 선호하며,

모든 동물을 사랑하지만 특별히 고양이를 귀여워한다.

좋아하는 것들을 하나씩 발견할 때의 반가움과

다음번에 찾게 될 새로운 취향에 대한 설렘.

나는 그 두 가지 마음을 통해 비로소 나를 알아가고 있다.

내일을 위한 오늘

가끔은 아직 오지 않은 내일이 오늘보다 더 크게 날 흔든다.

오늘치 삶도 다 못 살아냈는데 왜 자꾸 그 너머를 걱정하는 걸까.

내일을 망설이다 오늘까지 망치면 이틀을 손해 보는 셈인데 말이다.

그래서 요즘은 지금 당장 할 수 있는 일만 해 보기로 했다.

작은 일 하나를 끝낸 뒤의 성취감에 복잡했던 정신이 조금 맑아진다.

오늘을 홀대하지 않는 것, 그게 내일의 나를 가장 위하는 일이다.

나를 챙기는 건 별게 아니다.

생각의 날개

생각까지 통제하려는 말 앞에서 나는 자주 침묵했다.

너는 이래서 저래야 하고 저래서 이래야 한다는 틀 같은 말들.

하지만 침묵은 복종이 아닌 선택이었고

거기에 나를 꿰맞추고 싶지 않았다.

굳이 남들이 옳다 정한 방향이 아니더라도, 이해 받지 못해도 괜찮다.

나는 내 생각에 힘을 더해 줄 날개를 펴는 중이다.

미세한 날갯짓도 계속 이어지면 언젠가 큰바람이 될 테니까.

시간이 지나니까

"시간이 약이야."라는 말이 한때는 정말 듣기 싫었다.

지금이 너무 괴로운데 나중에 괜찮아질 거란 말이 무슨 소용일까.

그 말은 마치 내 고통을 건너뛰는 것처럼 삐딱하게 들렸다.

그런데 오랜 시간이 지나고 나니까 나도 이제는 알겠다.

모래 위에 남은 낙서가 파도로 점차 옅어지듯이,

정말 시간이 약이었다는 것을.

아직도 힘든 날들이 있지만 예전처럼 와르르 무너지지 않는다.

그토록 듣기 싫던 말을 이제는 내가 누군가에게 조심스레 건네고 있다.

연습이 필요해

좋은 사람으로 남고 싶다는 마음이 앞서

곤란한 부탁에도 고개를 끄덕였던 경우가 꽤 있다.

예의는 지켰지만 내 마음은 한 걸음씩 뒤로 물러났고,

그런 나를 알아챈 상대방에게 되레 상처를 입힌 적도 있었다.

서로를 위해서 적당한 선 긋기가 필요했던 걸지도 모른다.

관계는 여전히 어렵고, 다정함과 단호함 사이에서 매번 고민하지만

둥글게 거절하는 법을 차근차근 익혀 가는 중이다.

"싫어." 대신 "미안해."로 말문을 여는 용기를 내면서.

이런 나라도 괜찮겠니

다정함을 제대로 배운 적이 없어서 나는 오랫동안 의심했다.

빈틈 가득한 내가 과연 따뜻함을 베풀 수 있는 사람이 될 수 있을지.

다정한 말은 어색했고 서툰 손길이 덜덜 떨려 괜히 민망하기만 했다.

그런데 누군가는 그 서툶을 보고도 다정하다고 말해 주었다.

아마 다정이란 건 꼭 매끄럽고 능숙한 방식으로만

전해지는 게 아니었나 보다.

그러니 어릴 적 다정을 배우지 못했더라도 괜찮다.

늦게 피어난 다정도 충분히 따뜻해질 수 있다.

장미와 토마토

부러움이 지나간 뒤엔 도무지 감당 안 되는 초라함이 남는다.

남처럼 되고 싶은 마음이 스스로를 망가뜨리는 것만큼

억울한 일도 없을 것이다.

살아가는 방식이 저마다 다른데

나는 무엇을 기준 삼아 비교하고 있었을까.

부러움이 틀린 감정은 아니지만 그걸로 나를 깎아내릴 필요는 없다.

누구는 바람으로 스치고 누구는 온기로 머물듯,

나는 잔향으로 기억되고 싶다.

저마다의 형식으로 살아가다 보면 알게 되겠지.

나는 나대로 괜찮다는 것을.

지금도 충분해

좋아하는 일이 잘해야만 하는 시험처럼 느껴지는 순간이 오면

머릿속에 팽팽하게 당겨져 있던 줄이 '팅' 하고 끊어지는 소리를 낸다.

어쩐지 기뻐도 영 불안했고 쉬어도 죄책감이 들러붙어서 괴로웠다.

문득 나는 정말 그렇게 허우적대며 사는 게

괜찮은 건지 고민을 하기 시작했다.

이번 생이 처음인 나에게 너무 박한 건 아니었을까.

영원한 내 편인 나를 내가 너무 힘들게 한 건 아니었을까.

그래, 이만하면 충분하지. 물러나는 발끝에도 방향이 있었다.

진정한 행복

상황을 바꿀 수 없다면 다른 걸 바꿔 보는 것도 하나의 방안이다.

종종 내가 불행한 일을 마주하고 있다는 사실을 까먹는 상상을 한다.

멈춰 서서 저녁 노을이 하늘에 번지는 걸 한참 바라보거나,

불안할 땐 펜을 쥐고 필사를 하는 등 행동에 작은 변화를 준다.

행복을 붙잡으려고 애쓰기보다

행복이 머무를 수 있도록 마음을 가꿔 본다.

그러다 보면 행복은 오고 가는 손님이 아니라

식구가 될 수 있지 않을까.

결국 모든 건 마음먹기에 달려 있으니 나는 나를 믿기로 한다.

참 별로다

몸과 마음이 구겨져 있을 땐 좋은 태도를 보이기가 쉽지 않다.

'기분이 태도가 되면 안 된다.'고 다짐했던 순간들이

참 무색해진 셈이다.

욱하고 튀어나온 감정이 나조차 낯설다.

상대가 얼마나 당혹스러웠을지를 뒤늦게 떠올리면

미안함과 부끄러움이 한꺼번에 밀려와 고개가 무거워지곤 했다.

그래서인지 이제는 다른 이들의 별로인 날들을

받아 줄 마음을 품게 됐다.

내가 그랬던 것처럼 그런 날이

그들의 몸과 마음을 구겨 버린 걸 알고 있으니까.

나의 부족함이 남을 조금 더 깊이 이해하는 조각이 되기를 바란다.

한 번 사는 인생

현실을 뒤로한 채 이상적인 삶을 꿈꾸며 산다.

해야 할 일은 미루고 하고 싶은 일을 먼저 하는

나는 개굴개굴이 아닌 굴개굴개 하고 우는 청개구리.

멋대로 하고 싶은 마음을 꾹 참고

계획을 세우고, 계산하고, 위험을 줄이는 데만 골몰하다 보면

정작 재미를 잃어버려서 살고 있는 건지 살아내고만 있는 건지 헷갈린다.

한 번뿐인 인생에서 몇몇 순간들은 마음 가는 대로 하면 어떤가.

나중에 후회해도 좋으니 오늘은 한바탕 물장구를 칠 거다.

햇볕은 보고 살아야지

나는 예민한 사람이라서 혼자 있어야 비로소 숨이 고르게 쉬어진다.

작은 전자기기 속 남들 사는 이야기에도 금세 기가 빨릴 정도였다.

그러다 혼자라는 편안함이 슬쩍 외로움으로 바뀌려는 순간,

핸드폰 알람을 꺼 두고 목적지 없이 무작정 거리로 나섰다.

여유로운 바람, 머리 위의 새소리, 묵은 감정을 녹여 주는 햇볕까지.

혼자가 좋지만 가끔 스미는 외로움에 몸이 먼저 볕을 찾았다.

무엇이 정답인지는 모르겠지만 종종 햇볕을 쬐어 보겠다.

다정함을 잊고 지낸 이들에게
내일의 내가 웃을 수 있도록

초 판 발 행 일	2025년 12월 15일
발 행 인	박영일
책 임 편 집	이해욱
저 자	언널브
편 집 진 행	김라현
표 지 디 자 인	현수빈
내 지 디 자 인	김세연
발 행 처	시대인
공 급 처	(주)시대고시기획
출 판 등 록	제 10-1521호
주 소	서울시 마포구 큰우물로 75 [도화동 538 성지 B/D] 9F
전 화	1600-3600
홈 페 이 지	www.sdedu.co.kr

I S B N	979-11-434-0328-5 [03810]
정 가	18,000원

※이 책은 저작권법에 의해 보호를 받는 저작물이므로, 동영상 제작 및 무단전재와 복제, 상업적 이용을 금합니다.
※이 책의 전부 또는 일부 내용을 이용하려면 반드시 저작권자와 (주)시대고시기획 · 시대인의 동의를 받아야 합니다.
※잘못된 책은 구입하신 서점에서 바꾸어 드립니다.

시대인은 종합교육그룹 (주)시대고시기획 · 시대교육의 단행본 브랜드입니다.